Sabine Kranz

AF221862

Mira findet Glück

Kinderbuch

Mit Illustrationen
von
Johanna Wagner

Sabine Kranz, geboren 1962 in Mannheim, aufgewachsen in der Pfalz, lebt mit ihrer Familie seit über 20 Jahren in Hessen. Seit 2016 schreibt sie Romane. Ihr sechster Band der Fantasy-Reihe ‚Die Traumarbeiter' erscheint im Sommer 2021.

Weil ihre Lesungen vor Kindern ab 12 Jahren so gut ankommen, wurde sie gebeten, auch einmal etwas für jüngere Kinder zu schreiben und vorzulesen. Inspiriert von einem Teddybären, den sie einmal in einem Baum fand, erschien im Frühjahr 2019 ihr erstes Kinderbuch ‚Marie hat Glück', kurz darauf ‚Pelle braucht Glück'.

‚Mira findet Glück' setzt die Reihe der ‚Glücks-Geschichten' fort. Johanna Wagner vervollständigte das Kinderbuch mit liebevoll gemalten Bildern.

Bibliografische Information der Deutschen Nationalbibliothek: Die Deutsche Nationalbibliothek verzeichnet diese Publikation in der Deutschen Nationalbibliografie; detaillierte bibliografische Daten sind im Internet über dnb.dnb.de abrufbar.

© 2020 Sabine Kranz
Erstauflage
Herstellung und Verlag:
BoD - Books on Demand, Norderstedt
Illustrationen und Umschlaggestaltung:
Johanna Wagner
ISBN: 9-783752-670202

Die Autorin im Internet: www.die-traumarbeiter.de

Für alle Kinder,

die Glück haben zu wissen,

dass sie einzigartig sind.

Mira ist elf Jahre alt und hat gerade ihre Grundschule beendet. Sie ist eine gute Schülerin, weshalb sie auf das Gymnasium kommt.

In zwei Tagen beginnt das neue Schuljahr. Schon allein bei dem Gedanken wird Mira schlecht. Sie freut sich nicht auf den ersten Schultag.

Mira ist mit ihrer Familie vor zwei Wochen umgezogen. Deshalb kennt sie noch niemanden in der neuen Stadt.

Aber das ist nicht das Schlimmste. Sie hat Angst, dass sie in der Schule gehänselt wird. Dass alle sie wegen ihrem Namen auslachen.

Und daran muss sie nun, am letzten Wochenende vor Schulbeginn, ständig denken.

Gemeinsam mit ihrer Mutter hat sie am heutigen Samstag noch die letzten Hefte für das neue Schuljahr eingekauft.

Jetzt sind sie auf dem Weg zu einem Café, in dem sie sich mit Miras Vater und ihrem einjährigen Bruder treffen.

„Schau mal, Mira", ihre Mutter deutet auf die gegen-überliegende Straßenseite, „dort drüben ist das ‚Glücks Café'! Schöner Name, findest du nicht?" Sie lacht fröhlich.

Mira zuckt nur mit den Schultern. „Ich brauch kein Glück", murmelt sie schmollend, „ich brauch einen anderen Nachnamen."

Doch ihre Bemerkung geht unter, denn ihre Mutter vergewissert sich bereits, dass links und rechts kein Fahrzeug kommt. Dann schnappt sie sich die Hand ihrer Tochter und zieht sie zügig mit sich.

In dem kleinen Café ist es gemütlich. Der Duft von frisch gebackenen Kuchen lässt Mira das Wasser im Mund zusammenlaufen.

„Ma-Mi, Ma-Mi, Ma-Mi", begrüßt der einjährige Max die beiden fröhlich, während sie Platz nehmen. Eine freundliche Bedienung kommt an ihren Tisch.

„Hallo, ich bin Mo", stellt sie sich vor, „ihr seid zum ersten Mal hier, stimmt's?"

Während die Erwachsenen sich unterhalten, sieht Mira sich verstohlen um. Sie hofft, Gleichaltrige zu entdecken, die vielleicht sogar in dieselbe Klasse wie sie kommen.

Doch sie hat kein Glück. Es sind nur zwei weitere Tische mit älteren Damen besetzt.

Nachdem die sympathische Mo ihre Bestellung aufgenommen hat und hinter der Theke verschwindet, zwickt Miras Vater ihr aufmunternd in die Backe.

„Na, freust du dich schon auf Montag?" Mira schüttelt den Kopf. Ihre gute Laune ist dahin.

„Warum denn nicht?", fragt ihr Vater erstaunt. „Ich kann mich noch gut erinnern, wie aufregend der Wechsel von der Grundschule in die weiterführende Schule für mich damals war. Nicht mehr zu Fuß zur Schule, sondern alleine mit dem Bus fahren, neue Fächer, neue Lehrer, neue Mitschüler kennenlernen …"

… *die mich alle wegen meinem Nachnamen auslachen*, denkt Mira grimmig, aber das will sie ihrem Vater nicht sagen. Er soll sich nicht schuldig fühlen.

Zum Glück lenkt ihn in dem Moment ihr Bruder Max ab, der ein Spielzeug laut krachend auf den Boden wirft.

Mira springt vom Stuhl und hebt es wieder auf. Da fällt ihr Blick auf eine große Bücherwand im hinteren Teil des Cafés.

Neugierig geht sie darauf zu. Sie erkennt einige Bücher wieder, die sie schon gelesen hat. ‚Floppe, der Detektiv auf vier Pfoten' weckt ihr Interesse, denn sie liebt Hunde.

„Darf ich in dieses Buch mal reinschauen?", fragt sie Mo, die gerade hinter ihr aus einer Tür tritt, auf der 'Nur für Personal' steht.

„Natürlich, sehr gerne", antwortet Mo erfreut. „Setz dich in den Sessel und mach es dir gemütlich."

Erst jetzt bemerkt Mira den braunen Sessel, der aussieht wie ein großer Bär. Das gefällt ihr.

Sie sieht zu ihren Eltern, die gerade mit Max lachen. Mira ist nicht nach Lachen zumute. Sie muss an Montag denken und wie dann alle über sie lachen.

Traurig setzt sie sich in den Sessel. Doch kaum hat sie das Buch aufgeschlagen, da spürt sie, wie der Bär seine Arme um sie legt.

„Du bist traurig", spricht er mit angenehmer, tiefer Stimme zu ihr, „willst du mir erzählen, warum? Vielleicht kann ich dir helfen."

Erstaunt sieht Mira zu dem Gesicht des Bären auf. Als sie in seine warmen braunen Augen schaut, kommen ihr die Tränen.

„Du kannst mir nicht helfen", flüstert sie verzweifelt, „mir kann niemand helfen."

„Glück hilft immer", antwortet der Bär sanft, „und das bin ich - dein Glück!"

„Ach, das wäre schön." Mira seufzt. Aber dann entschließt sie sich dazu, dem Bären von ihrem Kummer zu erzählen.

„Meine Mama und Papaul ...", sie hält inne und sieht zu ihren Eltern rüber, die gerade ihre Getränke entgegennehmen, „... also eigentlich heißt er Paul und ist nicht mein richtiger Papa", erklärt sie. „Aber ich kenne Papaul schon lange und mag ihn sehr. Aber …"

Mira kämpft mit den Tränen. Der Bär wartet geduldig und hält sie ganz fest in seinen weichen Armen. Das tut gut!

„Kurz bevor mein Brüderchen Max auf die Welt kam", erzählt Mira weiter, „haben Mama und Papaul geheiratet. Damit wir alle in der Familie einen Nachnamen haben. Papauls Nachnamen."

Mira sieht zu Glück auf, während sie ihm ihren Nachnamen verrät. Zu ihrer großen Freude lacht der Bär nicht, sondern nickt verständnisvoll. Dankbar wischt sie sich eine Träne aus dem Gesicht.

Mit leiser Stimme berichtet sie dem Bären, dass es am Anfang niemandem aufgefallen ist, was der neue Nachname für Mira bedeuten würde.

Ein Junge in ihrer damaligen Klasse, den sie nicht besonders gemocht hat, war der erste, der sie wegen ihres neuen Namens aufzog. Und nicht der letzte.

„Ich finde es so gemein", wütend ballt Mira ihre Fäuste, „wenn die Leute über meinen Namen lachen, obwohl ich für den doch gar nichts kann!"

„Das verstehe ich", kommentiert Glück einfühlsam.

„Und übermorgen werden wieder alle über mich lachen, wenn sie meinen Namen erfahren", davon war Mira felsenfest überzeugt.

„Mir gefällt dein Name", sagt Glück zu ihrem großen Erstaunen, „denn er ist einzigartig - so wie du!" Mira freut sich über seine Worte, doch vor dem ersten Schultag hat sie trotzdem noch Angst.

„Ich finde, du solltest allen am Montag zeigen, wie einzigartig du bist", schlägt Glück vor.

Erstaunt sieht Mira ihn an. „Aber wie denn?"

Kurz darauf springt Mira mit leuchtenden Augen aus dem Sessel und umarmt den Bären glücklich. Dann rennt sie zum Tisch zurück.

„Mama, Mama, wir müssen nochmal los", ruft sie aufgeregt, „ich brauche noch etwas für die Schule!"

„Wirklich?" Die Mutter legt den Löffel, mit dem sie gerade Max gefüttert hat, zurück auf den Teller. „Bist du dir sicher? Ich dachte, wir hätten alles …". Aber Mira ist nicht zu bremsen.

„Komm, Mama, wir müssen uns beeilen! Ich erzähle dir unterwegs, was ich noch brauche."

∞

„Toi, toi, toi", wünscht Miras Vater ihr am Montagmorgen, „ich wünsche dir einen tollen ersten Schultag!"

Er hilft seiner Tochter, die Tragegurte ihres Schulranzens straff anzuziehen. „Und wer dich ärgert oder auslacht, der kriegt es mit mir zu tun!"

Mira lacht. Vor zwei Tagen wäre sie noch sicher gewesen, dass ihr Vater damit ziemlich viel zu tun gehabt hätte. Doch jetzt ist sie zuversichtlich, dass alles gut wird.

Denn ich glaube fest an mein Glück, denkt sie.

Ihre Mutter drückt ihr den Korb in die Hand. „Ich bin sicher, sie werden begeistert sein von deiner tollen Idee, die du dir ausgedacht hast!"

„Oh, das war ich nicht", Mira lächelt geheimnisvoll, „das war Glück!" Sie winkt den beiden zu, dann betritt sie mit klopfendem Herzen den Schulhof.

∞

„So, bitte setzt Euch." Die neue Klassenlehrerin, die Mira auf Anhieb sympathisch ist, klatscht energisch in die Hände.

„Mein Name ist Gudrun Hanneder, ich bin seit drei Jahren an dieser Schule und unterrichte die Fächer Deutsch und Geschichte." Freundlich lächelt sie jeden ihrer Schüler an.

„Nun möchte ich euch gerne näher kennenlernen. Ich möchte, dass mir jeder von euch seinen Namen und sein Lieblingsfach verrät."

Ein Junge in der ersten Reihe beginnt. Miras Herz schlägt höher und höher, je näher der Zeitpunkt rückt, an dem sie sich vorstellen soll. Sie kann vor Aufregung und Nervosität kaum atmen.

„Du bist die Nächste." Aufmunternd sieht Frau Hanneder sie an. Mira spürt, wie sie errötet. Alle Augen sind auf sie gerichtet.

„Ich …", sie nimmt ihren ganzen Mut zusammen und steht auf, „… würde gern an die Tafel treten, um mich vorzustellen. Darf ich?"

Die Klassenlehrerin wirkt überrascht, aber sie hat nichts dagegen. Mira packt ihren Korb und geht nach vorne. Da bemerkt sie, wie einige Mitschüler hinter ihrem Rücken flüstern und kichern.

Oh nein, denkt sie, *sie lachen schon über mich!*

Verunsichert stellt sie ihren Korb auf den Lehrertisch und schaut zu Frau Hanneder. Ihr freundliches Lächeln macht ihr wieder Mut.

Los, Mira - du schaffst das!

Sie geht zur Tafel, nimmt ein Stück Kreide in die Hand, holt tief Luft und dreht sich zu ihren Mitschülern.

„Mein Nachname setzt sich aus drei Silben zusammen." Sie dreht sich wieder zur Tafel und malt drei waagrechte

Striche an die Tafel. „Und mein Vorname hat zwei Silben." Sie zieht zwei weiße Striche über die anderen drei. „Die letzte Silbe meines Nachnamens verrate ich euch."

Sie schreibt ‚baum' auf den letzten der fünf Striche. „Mein Vor- und mein Nachname ergeben zusammen ein Wort." Sie zeigt auf ihren Korb, der mit einem Tuch abgedeckt ist. „Die ersten drei, die zu mir kommen und mir meinen Namen richtig ins Ohr flüstern, dürfen sich etwas Selbstgebackenes aus meinem Korb nehmen."

Erwartungsvoll schaut Mira in die Runde, doch keiner der Mitschüler scheint das Rätsel lösen zu können.

„Heißt Du alter Eichenbaum?", fragt ein vorlauter Junge aus der hinteren Reihe. Ein paar Mitschüler lachen.

„Oder dicker Tannenbaum?", ruft sein Nachbar, wodurch erneut Gelächter ertönt.

Mira wird rot. *Sie lachen über mich!*

Ihr Herz schlägt ihr bis zum Hals. Doch sie will nicht aufgeben. Sie will es so machen, wie der Bär ihr geraten hat.

„Schöne Vorschläge", erwidert sie grinsend, „aber beide falsch." Eine Weile herrscht ratlose Stille.

„Vielleicht magst Du uns noch eine Silbe verraten?", schlägt ihre Klassenlehrerin vor.

Da erhebt sich ein Mädchen namens Annalena. Sie geht zu Mira und flüstert ihr etwas ins Ohr.

„Das ist richtig!" Miras Herz macht vor Freude einen Sprung. „Bitte sehr", sie deckt den Korb ab, „such dir aus, was du magst!"

Annalena greift in den Korb und holt ein Glas Marmelade hervor, in dem es gelb-orange glänzt.

„Ah, jetzt weiß ich's auch", ruft Tim aus der ersten Reihe. Er geht zu Mira, um ihr die Lösung zuzuflüstern.

„Wieder richtig", Mira strahlt und hält ihm den Korb hin.

Tim holt ein großes Glas mit eingemachten Früchten hervor.

„Aah", ruft Frau Hanneder, als sie die Früchte erkennt. Doch sie ist nicht die Einzige.

Viele Kinder springen gleichzeitig auf und drängeln sich nach vorne, um den dritten und letzten Preis zu ergattern.

„Mira, ich war die erste!" und „Mira Bellenbaum heißt du!" rufen alle durcheinander.

„Wartet!" Lachend hebt Mira die Hände. „Ihr bekommt alle was!" Sie greift in den Korb und holt zwei große Päckchen heraus. „Wer mag Mirabellenkuchen?"

Am Ende der ersten beiden Stunden ist kein Krümel mehr übrig. Und Mira strahlt.

Niemand hat über ihren Namen gelacht - im Gegenteil! Sie bekommt Komplimente für den leckeren Kuchen.

Und Frau Hanneder lobt sie für ihre kreative Idee. „Das war die netteste Vorstellung eines Namens, die ich je erlebt habe."

∞

Am folgenden Wochenende besteht Mira darauf, dass sie wieder gemeinsam ins Glückscafé gehen. Da es allen dort gut geschmeckt hat, muss Mira ihre Eltern nicht lange überreden.

Im Café gibt sie schnell ihre Bestellung auf, dann eilt Mira in den hinteren Bereich.

„Du hattest so recht, Glück", sie umarmt den Bärenkopf stürmisch, „niemand hat über meinen Namen gelacht. Das verdanke ich nur dir!"

„Nein", erwidert der Bär bescheiden, „ich habe dir nur einen Rat gegeben. Du aber warst mutig genug, ihn auszuprobieren!"

„Mira, komm", ruft ihr Vater aus dem vorderen Bereich des Cafés, „dein Kuchen und deine heiße Schokolade warten auf dich!"

Schnell drückt sich Mira noch einmal an den Bären und flüstert in sein Ohr: „Ich wünschte, alle Kinder mit komischen Namen hätten so ein Glück wie ich."

„Wer Glück hat", erwidert der Bär leise, „der kann auch anderen helfen, Glück zu haben."

Dass Mira bald schon Gelegenheit dazu haben würde, ahnt sie in diesem Moment nicht.

∞

Ein paar Tage später sitzt Mira mit Annalena, die inzwischen ihre beste Freundin ist, auf einer Bank im Schulhof. Es ist gerade große Pause.

Gerade, als sie in ihr Pausenbrot beißen will, spricht sie jemand an.

„Bist du Mira Bellenbaum?", fragt sie eine ihr unbekannte Schülerin, die viel älter ist als sie.

„Die die lustige Idee hatte, ihren außergewöhnlichen Namen in ein süßes Rätsel zu verpacken?", fügt ein weiterer Schüler, der fast zwei Köpfe größer ist als sie, grinsend hinzu.

Mira ist sprachlos. *Woher wissen sie das?*

„Ja, das ist sie", antwortet Annalena an ihrer Stelle. „Und ich habe das Rätsel als erstes gelöst!"

„Ich heiße Lilli", stellt sich das ältere Mädchen vor, „Lukas und ich sind von der Schülerzeitung und würden gerne einen Artikel über dich schreiben."

„Über mich?", wundert Mira sich. Vor lauter Staunen bemerkt sie gar nicht, dass sie immer noch ihr Pausenbrot vor den Mund hält.

„Ja genau", bekräftigt Lukas seine Kollegin, „wir wollen dich interviewen, wie du zum Beispiel zu deinem ausgefallenen Namen gekommen bist …".

„… oder wie du auf die geniale Idee gekommen bist, ihn von deinen Mitschülern erraten zu lassen", beendet Lilli seinen Satz.

„Oh, das war ich nicht", antwortet Mira wahrheitsgemäß, „das war Glück." Doch ihre letzten Worte gehen in dem schrillen Ton, der das Ende der Pause verkündet, unter.

Schnell verabreden sie, dass Mira am nächsten Tag nach Schulschluss in den Redaktionsraum kommen soll, in dem die Schüler ihre Zeitung entwerfen.

∞

Tags darauf geht Mira nach Ende des Unterrichts nicht gleich nach Hause, sondern zur Redaktion der Schüler-zeitung, die sich neben dem Fahrradkeller befindet.

„Viel Glück", hatte Miras Mutter ihr morgens noch gewünscht, „ich warte mit dem Mittagessen auf dich!"

Mit klopfendem Herzen öffnet sie die graue Stahltür und sieht sich im Redaktionsraums erst einmal um. Sie ist überwältigt von dem Anblick.

Aus zwei kleinen Gitterfenstern dringt nicht genug Tageslicht in den Kellerraum, weshalb überall kleine und große Lampen stehen und warmes Licht verbreiten.

Die Regale an den Wänden sind bis unter die Decke vollgestopft mit Büchern, Magazinen, Blätterstapeln und Kartons mit Druckerpapier.

In der hinteren Ecke steht ein großes, altes Sofa mit zwei gemütlichen Sesseln davor, auf denen ältere Schüler lauthals miteinander diskutieren.

Andere Schüler sitzen an zwei aneinandergestellte Tischen vor großen Bildschirmen. Sie schreiben Texte oder suchen passende Fotos zu ihren Artikeln im Netz.

Mira schreckt zusammen, als plötzlich der große Drucker anspringt, der gleich neben der Tür aufgestellt ist.

„Da bist Du ja", Lukas winkt ihr von einem der Tische freundlich zu, „komm zu uns, Mira!"

Jetzt entdeckt Mira auch Lilli, deren Gesicht zuvor von einem der großen Bildschirme verdeckt war. „Hallo, Mira", begrüßt Lilli sie, „wir können gleich starten."

Sie schnappt sich ein paar vollgeschriebene Notizzettel und einen Stift. Gemeinsam gehen Lukas und Lilli mit ihr zu der gemütlichen Sitzecke.

„Hey, Kollegen", Lukas klatscht in die Hände, um die laute Diskussion zu übertönen, „wir brauchen die Couch für ein Interview."

Missmutig räumen die drei die Plätze. „Morgen geht die Schülerzeitung in den Druck - komme was wolle!", brummt der eine.

„Das schaffen wir nie, Benno", entgegnet der andere, „weder ist das Titelbild fertig, noch sind die Texte ins Layout eingepflegt."

„Das schaffen wir", ruft Lukas ihnen hinterher, „wie immer im letzten Moment, aber wir schaffen das!"

„Das wird ein langer Tag" seufzt die dritte der Diskussionsrunde und räumt die Unterlagen vom Sofa.

„Nimm bitte Platz, Mira." Lilli deutet auf das Sofa und setzt sich neben sie, während Lukas sich in einen Sessel plumpsen lässt.

„Du fragst dich sicher", sagt Lilli freundlich, „wie wir von deiner tollen Idee erfahren haben." Als Mira nickt, fügt sie lächelnd hinzu: „Tim ist in deiner Klasse - und mein kleiner Bruder." Mira versteht.

„Als er zuhause davon erzählte, war mir sofort klar, dass ich mehr über dich erfahren möchte."

Mira nickt erfreut, obwohl sie es immer noch nicht glauben kann.

„Bist du einverstanden", fragt Lukas sie, „wenn ich nachher noch ein Bild von dir in eurem Klassenzimmer mache, wie du das Rätsel deines Namens an die Tafel schreibst?"

„Ihr denkt wirklich", fragt Mira erstaunt, „dass das interessant genug für einen Artikel in der Schülerzeitung ist?"

„Aber ja", lacht Lukas und schlägt sich auf die Oberschenkel, „du kommst sogar auf die Titelseite, da bin ich mir ganz sicher!"

Lilli sortiert ihre Notizblätter und zückt den Kugelschreiber. „Also, Mira, fangen wir von vorne an. Wie bist du auf diese kreative Idee gekommen?"

„Das war ich nicht", entgegnet Mira wahrheitsgemäß, „das war Glück." Und dann beginnt sie zu erzählen.

∞

„Hallo, Mira", begrüßt sie Mo im Glückscafé freundlich, „wie geht es dir?" Eigentlich will Mira gleich nach hinten zu Glück laufen, aber sie bleibt höflich stehen.

„Danke, sehr gut", erwidert sie, „und wie geht es Ihnen?"

Die Besitzerin des Cafés lacht. „Sieh dich doch um", sie deutet auf die vollbesetzten Tische, „das Café ist jeden Tag bis auf den letzten Platz besetzt."

Sie beugt sich zu Mira und flüstert verschwörerisch: „Das habe ich deinem Artikel in unserer Zeitung zu verdanken. Alle wollen den Bärensessel sehen."

Erschrocken dreht Mira sich um und sucht nach Glück.

„Keine Sorge", Mo ahnt sofort, was Mira befürchtet, „die meisten wollen ihn nur sehen oder streicheln. Kaum jemand setzt sich. Manche glauben auch nicht an Glück." Sie zwinkert Mira zu. „Aber wir beide wissen es besser, nicht wahr?"

Sie richtet sich wieder auf. „Und nun lauf zu ihm, ich bringe dir eine Limonade. Die geht heute auf mich!"

„Oh, vielen Dank, Mo!" Dann saust Mira zu Glück und schmiegt sich in seinen Schoss. Sofort spürt sie, wie er seine Arme um sie legt.

„Ich bin sooo froh, dass ich dich gefunden habe!" Überglücklich schaut sie in seine großen braunen Augen, die sie freundlich betrachten.

„Ich habe dir doch davon erzählt, dass Lilli und Lukas mich für unsere Schülerzeitung interviewt haben." Glück brummt zustimmend.

„Das war ja schon megacool", schwärmt sie, „jeder in der Schule kennt mich und ist nett zu mir. Aber dann, vor einer Woche" - sie sieht zu Glück auf - „wollte mich auch noch ein Redakteur von der städtischen Zeitung interviewen!"

Der große, braune Bär nickt beeindruckt, während Mira ein dickes Papierbündel aus ihrer Jackentasche herausholt.

„Schau mal", Miras Wangen glühen vor Freude, „so viele Menschen haben mir geschrieben, nachdem der Zeitungsartikel erschienen ist. Sie alle haben wie ich einen komischen Vor- und Nachnamen."

„Du meinst, sie haben einen einzigartigen Namen", korrigiert Glück sie sanft.

Mira lacht. „Ja, genau, zum Beispiel Anna hier." Sie durchsucht den Papierstapel, bis sie den richtigen Brief gefunden hat. „Sie heißt Nass mit Nachnamen und wurde dafür immer gehänselt. Nächstes Jahr kommt sie auch aufs Gymnasium und will sich genauso vorstellen wie ich! Ist das nicht wundervoll?" Glück brummt zustimmend, während Mira eifrig weitererzählt.

„Oder hier, Finn", sie zeigt dem Bären seine Nachricht, „er heißt Dennicks mit Nachnamen. Wie ich mag er es gar nicht, wenn Leute ihn wegen seinem Namen auslachen oder ihn hänseln, dass er nichts findet."

„Das verstehe ich", kommentiert Glück einfühlsam.

„Finn hat jetzt aus seinem Vor- und Zunamen auch ein Rätsel gemacht", sprudelt es aus Mira nur so heraus. Sie bemerkt nicht einmal, dass Mo vorbeikommt und ihr ein Glas selbstgemachte Limonade auf ein kleines Tischchen stellt.

„Finn hat es schon bei zwei Menschen, die ihn noch nicht kannten, ausprobiert. Und wie bei mir mochten sie seinen außergewöhnlichen Namen sofort und haben ihn nicht ausgelacht." Mira lächelt, als sie Finns Nachricht überfliegt. „Er schreibt, dass ich ihn zu dem glücklichsten Menschen der Welt gemacht habe."

„Wer Glück hat", erwidert der Bär leise, „der kann auch anderen helfen, Glück zu haben."

Mira schmiegt sich an seine weiche Brust. „Ja, das hätte ich nie geglaubt. Du hast mir mit deiner Idee geholfen, Glück - und jetzt hab ich damit sogar anderen helfen können!"

∞

Wer weiß, vielleicht findest du auch einmal dieses ‚Glücks Café'. Dann kuschle dich einfach in den großen braunen Sessel.

Und dann - dann hast du auch Glück!

Interesse an einer **Lesung**?
Zum Beispiel am nächsten **Kindergeburtstag?**

Erfahrungen zeigen, dass Kinder und Jugendliche durch die persönliche Begegnung mit einem Autor oder einer Autorin eine ganz neue Beziehung zur Sprache und zur Literatur finden und nachhaltig **Freude am Lesen** haben.

Kontakt zu der Autorin über: mariehatglueck@gmx.de

Weitere Bücher und Informationen zu der Autorin unter:

www.die-traumarbeiter.de